KB210110
KB209413

읽으면서
바로 써먹는

# 어린이
# O×퀴즈
# 핸드북

글·그림 한날

파란정원

# 방귀를 참으면 역류해서 트림으로 나온다.

트림은 음식물과 함께 들어온 공기가 위에서 배출되는 것이고, 방귀는 대장에서 미생물의 발효 작용으로 생성된 가스가 배출되는 것이에요. 때문에 방귀가 역류해 트림이 되는 것은 불가능한 일이에요.

# 달팽이도 강아지처럼 이빨이 있다.

달팽이는 수많은 작은 이빨이 혀처럼 생긴 치설에 촘촘하게 박혀 있어요. 이 치설을 이용해 달팽이는 먹이를 긁어모으거나 갉아먹지요. 치설이 닳아 짧아지면 다시 교체된다고 해요.

정답 : O

# 말도 잠을 잘 때 코를 곤다.

말도 사람처럼 활동을 많이 하여 피곤할 때는 코를 고는데, 노령화가 될수록 코를 더 많이 곤다고 해요. 게다가 깜짝 놀라는 일이 있을 때는 잠꼬대까지 한다니 참 신기해요.

정답 : O

# 모든 나무에는
# 나이테가 있다.

열대 지방처럼 기후 차가 없는 곳에서 자라는 나무에는 나이테가 생기지 않아요. 나이테는 보통 1년마다 하나씩 생겨 나무의 나이를 알 수 있어요.

# 늑대는 갯과, 호랑이는 고양잇과에 속한다.

갯과 동물은 긴 주둥이와 강한 턱을 가지고 무리 지어 생활하고, 고양잇과 동물은 짧고 강력한 턱과 발톱을 가지고 독립적으로 생활해요. 생김새를 생각하면 쉽게 구분할 수 있어요.

정답 : O

# 국회의사당은 24개의 돌기둥이 둘러싸고 있다.

국회의사당 전면에서 보이는 기둥 8개는 우리나라 전국 8도를, 의사당을 둘러싸고 있는 24개의 기둥은 24절기를 상징하며 국민의 다양한 의견을 뜻해요. 그리고 돔 모양 지붕은 찬반 토론을 거쳐 하나의 결론으로 모아진다는 의회민주정치의 본질을 상징한답니다.

정답 : O

# 하루 동안 밀물과 썰물은 각각 한 번씩 볼 수 있다.

밀물은 바닷물이 육지 쪽으로 밀려 들어오는 것이고, 썰물은 바닷물이 바다 쪽으로 빠져나가는 것을 말해요. 밀물과 썰물은 약 6시간 간격으로 일어나게 되므로, 하루 동안 밀물과 썰물은 각각 두 번씩 볼 수 있어요.

정답 : X

# 조선 시대 호패는
# 남녀 누구나 가질 수 있었다.

호패는 16세 이상 남자들에게만 주었던 조선 시대 신분증이에요.
앞면에는 이름, 나이, 태어난 해의 간지 등이 새겨져 있고, 뒷면에
는 해당 관아의 낙인이 찍혀 있었어요.

정답 : X

# 하늘을 나는 용은
# 십장생 중 하나이다.

장수와 건강을 상징하는 십장생은 해, 산, 물, 돌, 달 또는 구름, 소나무, 불로초, 거북, 두루미(학), 사슴을 말해요. 용은 왕을 상징하는 것으로 궁궐 곳곳에 용 문양이 많이 사용되었어요.

정답 : X

# 태양계 행성 중 가장 큰 행성은 토성이다.

태양계 행성을 크기 순서대로 나열하면 목성, 토성, 천왕성, 해왕성, 지구, 금성, 화성, 수성 순으로 가장 큰 행성은 토성이 아니라 목성이랍니다.

정답 : X

# 사슴은 매년 뿔이 빠졌다가 다시 자란다.

수사슴은 생후 1년이 지나면서 뿔이 자라기 시작해요. 뿔은 매년 봄에 빠졌다가 다시 6개월 정도 자라 가을이 되면 완전한 모습으로 자라나요. 하지만 암사슴은 뿔이 없답니다.

# 여자 목소리가 남자 목소리보다 더 먼 곳까지 들린다.

보통 여자의 목소리는 고음으로 주파수가 높고, 남자의 목소리는 중저음으로 주파수가 낮아요. 낮은 주파수의 소리가 더 멀리 전달되기 때문에 남자의 목소리가 더 먼 곳까지 들리게 된답니다.

정답 : X

# 북두칠성은 북극성을 중심으로 시계 방향으로 회전한다.

큰곰자리의 허리와 꼬리에 위치한 국자 모양 7개의 별 북두칠성은 지구의 자전 때문에 북극성을 중심으로 원을 따라 반시계(시계 반대) 방향으로 움직여요.

정답 : X

# 올림픽에서 마라톤 거리는 처음부터 42,195km였다.

제1회 아테네 올림픽부터 앤트워프 올림픽 때까지 마라톤은 정해진 거리가 없어 40㎞ 정도를 달렸어요. 그러다 런던 올림픽을 계기로 공식 마라톤 거리가 42,195㎞로 정해졌고, 제8회 파리 올림픽 때부터 마라톤을 42,195㎞로 뛰게 되었어요.

정답 : X

# 고래는 한쪽 뇌씩
# 번갈아 가며 잠을 잔다.

물 밖에서 숨을 쉬어야 하는 고래는 잠을 잘 때 한쪽 뇌씩 잠을 자요. 한쪽 뇌가 쉬는 동안 다른 한쪽 뇌가 깨어나 일을 하지요. 그래서 고래는 자면서도 주기적으로 숨을 쉬러 물 위로 올라올 수 있는 거예요.

정답 : O

# 원숭이에게도
# 사람처럼 지문이 있다.

지문은 손가락 끝마디 안쪽에 있는 살갗의 무늬로 사람마다 다르며 그 모양이 평생 변하지 않아서 개인 식별이 가능해요. 원숭이도 사람처럼 각각의 개체마다 고유한 지문을 가지고 있어요.

# 네덜란드의 3대 상징물은 나막신, 튤립, 풍차이다.

네덜란드는 바다보다 땅이 낮아 물이 많이 차는 지형으로 옛날부터 풍차를 사용해 물을 퍼내야 했어요. 나막신은 이런 질척한 땅에서 신기에 적당한 신발이었지요. 이 때문에 네덜란드 하면 풍차, 나막신과 함께 국화인 튤립을 떠올리게 되지요.

# 목이 긴 기린은 사람보다 목뼈 개수가 많다.

기린의 목뼈와 사람의 목뼈 개수는 7개로 같아요. 목이 길다고 해서 목뼈의 개수가 늘어나는 것이 아니라 목뼈의 길이가 더 길어진 다고 해요.

## 019

# 오징어와 게의 다리는
# 각각 10개씩이다.

게는 한 쌍의 집게발과 네 쌍의 걷는 다리를 가지고 있고, 오징어는 한 쌍의 촉완과 네 쌍의 다리를 가지고 있어요. 그러나 문어와 낙지의 다리는 8개랍니다.

정답 : O

# 빵은 포르투갈어에서 왔다.

빵을 순우리말로 알고 있는 경우가 많아요. 하지만 빵은 포르투갈어에서 유래된 외래어랍니다. 우리가 자주 먹는 라면도 중국어에서 유래된 것으로 일본에서는 라멘이라고 불러요.

# 학급 반장이 옛날 서당에도 있었다.

서당에서는 반장을 '접장'이라고 불렀어요. 접장은 반에서 나이도 많고, 공부도 잘하는 사람을 뽑았다고 해요. 때때로 훈장을 대신해 친구들을 가르치기도 하고, 서당 분위기를 이끄는 중요한 역할을 했어요.

# 비행기 출발 시간은 활주로에서 바퀴가 떨어지는 이륙 시간을 말한다.

다른 교통수단과 달리 비행기의 출발 시간은 비행기가 이륙하는 시간이 아니라 모든 준비를 마치고 비행기가 활주로로 이동하는 시간을 말해요.

## 023

# 펭귄과 북극곰은
# 한곳에서 살 수 없다.

펭귄은 남극에서, 북극곰은 북극에서 살아요. 모두 추운 곳이라 어디서나 두 동물이 잘 살 수 있을 것 같지만, 남극은 북극보다 훨씬 더 춥기 때문에 체온 유지와 먹이 부족으로 북극곰이 살아가기 힘들어요.

정답 : O

# 동화 "백설 공주"에서 백설 공주는 초록 사과를 먹고 잠든다.

아름다운 백설 공주를 질투하던 왕비가 독이 든 사과를 만들어 백설 공주를 깊은 잠에 빠트리지요. 이때 먹은 사과는 빨간색이에요.

# 사흘은 3일을,
# 나흘은 4일을 뜻한다.

우리말로 날짜를 셀 때는 1일부터 10일까지 순서대로 하루(1일),
이틀(2일), 사흘(3일), 나흘(4일), 닷새(5일), 엿새(6일), 이레(7일),
여드레(8일), 아흐레(9일), 열흘(10일)이라고 하면 돼요.

정답 : O

# 하마는 자외선 차단제가 몸에서 나온다.

하마는 피부를 보호하기 위해 끈적끈적한 히포수도르산이란 자외선 차단제 역할을 하는 분비물을 내보내요. 이 분비물은 색소 때문에 분홍색 혹은 붉은색을 띠는데, 이것 때문에 하마는 피땀을 흘린다고도 해요.

# 1부터 100 사이에는 숫자 7이 19개 들어 있다.

7, 17, 27, 37, 47, 57, 67, 70, 71, 72, 73, 74, 75, 76, 77, 78, 79, 87, 97로 77에 7이 2개 들어 있어 총 20개가 들어가게 되지요.

정답 : X

# 왼손잡이는 왼손 손톱이 더 빨리 자란다.

손톱은 자극을 많이 받을수록 빨리 자라요. 그래서 많이 쓰는 손의 손톱이 더 빨리 자라게 되지요. 오른손잡이는 오른손 손톱이, 왼손잡이는 왼손 손톱이 더 빨리 자라게 돼요. 손을 많이 쓰는 피아니스트는 일반인보다 더 빨리 자라겠죠.

정답 : O

# 사람처럼
# 다른 나라 돌고래끼리는
# 의사소통이 불가능하다.

나라마다 다른 언어를 사용하는 사람들처럼 돌고래도 지역마다 소리와 신호 체계가 달라서 다른 지역에 사는 돌고래와는 의사소통이 어려워요. 하지만 서식지가 겹치는 다른 종끼리는 소리 내는 방식을 바꿔 중간 언어로 서로 소통한다고 해요.

정답 : O

# 비행기의 블랙박스 색깔은 검은색이다.

비행기에 블랙박스를 설치하는 이유는 자동차처럼 사고에 대비한 것이에요. 블랙박스는 항공 사고 및 사고 조사를 쉽게 하려고 항공기에 부착하는 전자 기록 장치로, 사고 시 눈에 잘 띌 수 있는 밝은 주황색이랍니다.

정답 : X

# 베토벤은 독일의 작곡가이고, 피카소는 스페인의 화가이다.

베토벤은 독일 본에서 태어난 작곡가이자 피아니스트이고, 피카소는 스페인 말라가에서 태어나 프랑스에서 활동한 입체파 화가예요.

정답: O

# 물고기는 숨겨진 귀가 있다.

물고기는 소리를 모으는 기관이 없어 귀가 없다고 생각할 수 있어요. 그러나 물고기는 머릿속에 속귀(내이)가 있어 소리를 들을 수 있지요. 또 옆줄과 부레에서 느끼는 진동이나 압력 변화도 소리를 잘 들을 수 있게 돕는답니다.

정답 : O

# 월드컵은 3년마다
# 올림픽은 4년마다 개최된다.

세계 축구 대회인 월드컵은 국제축구연맹(FIFA)이 주관하고, 종합 스포츠 대회인 올림픽은 국제올림픽위원회(IOC)가 주관하며, 하계 올림픽과 동계 올림픽으로 나뉘지요. 이 대회들은 모두 4년마다 개최된답니다.

정답 : X

# 모든 게는 옆으로 걷는다.

일반적으로 게는 길쭉한 몸통 옆에 다리가 붙어 있고 다리와 다리 사이가 좁아 옆으로 걸어요. 하지만 밤톨 모양 몸통을 가진 밤게는 두 집게발을 다른 발과 함께 움직이며 앞으로 걷는답니다.

# 비행기가 날면서 만든 비행운은 얼음 결정이다.

비행기의 자취를 따라 생기는 구름을 비행운, 비행기구름이라고 불러요. 이 구름은 연료가 연소되며 배출된 배기가스 속 수증기가 높은 고도에서 찬 공기와 만나 얼음 결정으로 변한 것이랍니다.

정답 : O

## 036

# 태양, 지구, 달의 크기는
# 태양>달>지구 순으로 크다.

태양의 반지름 696,340km, 지구의 반지름 6,371km, 달의 반지름
1,737.4km로 태양이 가장 크고, 뒤를 이어 지구, 달 순으로 크기가
크답니다.

# 얼룩말은 검은색 바탕에 흰색 줄무늬를 가졌다.

얼룩말의 피부색은 검은색으로 얼룩말은 검은색 바탕에 흰색 줄무늬를 가졌어요. 흰색 줄무늬는 사람의 지문처럼 얼룩말 각각의 개체마다 다른 패턴을 가지고 있지요.

# 어두운 곳에서 책을 읽으면 눈이 나빠진다.

어두운 곳에서 책을 읽으면 눈 주변 근육이 긴장되어 피로도가 높아질 수 있어요. 눈이 나빠지는 것은 아니지만, 적절한 밝기에서 책을 읽는 것이 눈 건강에 도움이 되지요.

정답 : X

# 달에서는 지구보다 더 높이 뛸 수 있다.

달의 중력은 지구의 약 6분의 1밖에 되지 않아서 지구보다 훨씬 높이 뛸 수 있어요. 또 물건을 들 때도 지구보다 손쉽게 들어 올릴 수 있지요. 지구에서 60kg을 가진 물건이 달에서는 10kg 정도로 가벼워지기 때문이에요.

정답 : O

# 비행기 날개 곳곳에 피뢰침이 있다.

비행기가 벼락을 맞으면 강한 전류가 기체 표면을 따라 순식간에 퍼지게 돼요. 하지만 날개 곳곳에 설치된 피뢰침이 전류를 공중으로 흘려 버려 승객들은 벼락을 맞은 것도 알지 못해요. 이런 피뢰침은 주 날개와 꼬리 날개에 수십여 개가 있어요.

# 미국의 수도는 뉴욕이다.

뉴욕이 워낙 유명한 도시라 당연히 미국의 수도라고 생각할 수 있어요. 그러나 미국의 수도는 '워싱턴 D.C.'예요. 비슷한 예로 오스트레일리아의 수도를 시드니로 착각하는데, 오스트레일리아의 수도는 '캔버라'랍니다.

# 코끼리는 점프할 수 없다.

코끼리는 굵고 곧은 다리와 평평한 발바닥을 가지고 있어서 무거운 몸을 지탱하기에는 좋지만, 유연하지 못해 점프하기에는 적합하지 않아요. 또한 수 톤이 넘는 거대한 체구로 점프한다고 해도 착지할 때 생기는 충격을 다리가 감당할 수 없답니다.

# 천 원권 지폐에 율곡 이이의 초상화가 그려져 있다.

대한민국 지폐 천 원권에는 퇴계 이황이, 오천 원권에는 율곡 이이가, 만 원권에는 세종대왕이, 오만 원권에는 신사임당의 초상화가 그려져 있어요. 또 백 원 동전 앞면에는 이순신 장군이 새겨져 있답니다.

# 에펠탑은
# 여름에 더 높아진다.

금속으로 만든 에펠탑은 기온에 영향을 많이 받아 여름에는 팽창하고 겨울에는 수축하게 돼요. 그래서 여름에는 팽창하여 높이가 높아지고, 겨울에는 수축하여 높이가 낮아진답니다.

정답 : ○

## 045

# 파리는 앞발로
# 맛을 느낀다.

파리가 앞발을 비비는 모습을 본 적이 있을 거예요. 파리는 앞발에
냄새를 맡는 후각 기관과 맛을 느끼는 미각 기관이 있어서 앞발을
비벼 자주 청소해요. 그래야 맛있는 먹이를 잘 찾을 수 있겠죠.

정답 : O

# 달은 빛을
# 스스로 낼 수 있다.

달은 스스로 빛을 내지 않아요. 달은 햇빛을 반사해 빛을 내는 것처럼 보이는 거예요. 달의 모양이 계속 변하는 것도 지구 주위를 공전하며 햇빛을 반사하는 각도가 달라지기 때문이랍니다.

# 농구 경기에서는 3명이 한 팀이 된다.

농구는 5명이 한 팀이 되어 진행되는 경기예요. 농구 경기는 보통 4쿼터로, 각 쿼터는 10분씩 진행돼요. 쿼터 사이에는 2분 휴식하고, 전반전과 후반전 사이에는 하프타임으로 12분을 쉬게 된답니다.

정답 : X

# 벌은 눈이 3개이다.

벌은 좌우에 2개의 겹눈과 머리 부분에 3개의 홑눈이 있어 모두 5개의 눈을 가졌어요. 겹눈으로 사물의 형태와 색깔을 인식하고, 홑눈으로 주변 빛의 색 변화를 감지해요.

정답: X

# 바나나는
# 나무가 아니라 풀이다.

바나나는 10m까지 자라고 줄기도 단단해서 당연히 나무라고 생각했을 거예요. 하지만 바나나는 잎의 맨 아랫부분을 보면 잎이 돌돌 감긴 형태를 가진 여러해살이풀이에요. 뿌리를 잘라 심으면 어린줄기가 자라 바나나가 열려요.

정답 : O

# 낙타의 등에 있는 혹은
# 물을 저장하는 데 사용된다.

낙타의 혹은 물 저장소가 아니라 지방 저장소예요. 혹에 지방을 저장해 두었다가 먹이가 없을 때 지방을 분해해 에너지를 공급하지요. 또 낙타는 한 번에 많은 양의 물을 마시고 체내에 저장할 수 있어 먹이와 물 없이도 오랜 기간 견딜 수 있답니다.

# 플라스틱 쓰레기는 종류에 따라 분해되는 데 500년 이상 걸린다.

편리함을 위해 사람들이 만들어 낸 쓰레기가 지구 곳곳을 가득 채우고 있어요. 쓰레기가 분해되는 데 우유갑이 5년, 나무젓가락이 20년, 플라스틱이 종류에 따라 500년 이상 걸린다니 제대로 분리수거하고 쓰레기를 줄이려 함께 노력해요.

# 우주에서 바라본 지구는 조록색이다.

지구는 70% 이상이 바다(물)로 덮여 있어요. 바닷물은 햇빛을 흡수, 산란시켜 우주에서 바라보면 푸른색으로 보이게 한답니다.

# 겨울에는 해가 더 빨리 뜬다.

지구는 23.5도 기울어진 채 태양 주위를 돌아요. 여름에는 태양 쪽에 가까이 있어서 해가 일찍 뜨고 오래 떠 있지만, 겨울에는 태양 쪽에서 조금 더 멀어져 해가 늦게 뜨고 빨리 지게 되지요.

# 북극곰의 피부색은 검은색이다.

북극곰의 흰털은 주변 환경과 어우러져 적으로부터 자신을 보호하는 역할을 하고, 검은색 피부는 햇빛을 더 많이 흡수할 수 있게 도와 체온 유지에 도움을 줘요. 북극곰은 겉과 속이 완전히 반대랍니다.

# 북한의 화폐 단위도 우리나라와 같은 '원'이다.

북한은 화폐 단위로 '원'과 '전'을 사용해요. 지폐는 오천 원권부터 오 원권까지 다양하며, 동전은 1전, 5전, 10전, 50전이 사용돼요. 하지만 돈의 가치가 떨어져 전은 거의 사용되지 않아요. 지폐를 동전으로 바꿔 새롭게 발행되기도 했어요.

정답 : O

# 덕수궁에는 고종이 커피를 마시던 공간이 있다.

커피를 즐기던 고종은 덕수궁 안에 정관헌이라는 건물을 세우고 이 곳에서 커피를 즐겼다고 해요. 정관헌은 서양식 건축물 양식에 한 국의 전통 건축 양식을 더해 만들어졌어요.

정답: O

# 토마토와 오이는 식물학적으로 채소이다.

식물학적으로 과일은 씨앗을 가진 식물의 열매를 말해요. 토마토 와 오이는 씨를 품고 있어 식물학적으로는 과일이라고 할 수 있어 요. 하지만 요리적으로는 맛과 용도를 따져 볼 때 채소라고 할 수 있지요.

# 지구는 매일 조금씩 자전 속도가 느려지고 있다.

달의 중력이 지구의 바닷물을 끌어당기면서 밀물과 썰물이 생겨요. 이때 바닷물과 지구의 자전이 상호작용하며 마찰이 발생하고 이 마찰이 지구의 자전 속도를 조금씩 늦추고 있어요.

정답 : O

# 모기는 수컷만
# 피를 빨아 먹는다.

모기는 알을 만들기 위해 피를 빨아 먹고 영양분을 보충해요. 때문에 암컷 모기만 피를 빨아 먹고, 수컷 모기는 꽃의 꿀이나 식물의 수액 등을 먹어요.

정답 : X

# 꿀벌은 춤으로 의사소통을 한다.

꿀벌은 꼬리를 흔들기도 하고 8자 모양으로 빙글빙글 돌면서 춤을 추기도 해요. 춤을 통해 꽃이 있는 위치와 방향, 거리 그리고 꿀의 질까지 알려 준다고 해요.

# 사람은 물 없이 일주일 이상 살 수 있다.

의학계에서는 물 없이 사람이 생존 가능한 기간을 2~3일로 보고 있어요. 사람마다 건강 상태나 환경에 따라 생존 기간이 다를 수는 있지만, 사람은 일주일 이상 물 없이는 살 수 없답니다.

정답 : X

# 구름 한 덩어리의 무게는
# 수백 톤에 달한다.

구름은 작은 물방울이나 얼음 알갱이로 이루어져 있지만, 알갱이가 매우 작고 가벼워서 공기와 함께 떠 있을 수 있어요. 1㎦ 구름의 무게가 약 500톤 정도로 어른 코끼리 100마리의 무게와 비슷하답니다.

정답 : O

# 박쥐는 앞다리가
# 날개로 변형된 포유류이다.

박쥐가 날아다녀서 당연히 조류라고 생각할 수 있지만, 박쥐는 새 끼를 낳아 젖을 먹여 키우는 젖먹이 동물 포유류예요. 박쥐는 포유 류 중 날개를 퍼덕여 날 수 있는 유일한 동물이지요.

# 가장 작은 공을 사용하는 구기 종목은 골프이다.

공을 사용하는 운동 경기인 구기 종목 중 가장 작은 공을 사용하는 종목은 탁구예요. 탁구공은 지름이 약 4㎝이고, 골프공은 지름이 약 4.3㎝랍니다. 탁구공은 가장 가볍기도 해요.

정답 : X

# 번개는 위에서 아래로만 내리친다.

구름 속에 있는 음전기와 양전기가 서로 부딪치면서 번개가 발생해요. 번개는 주로 구름과 지면 사이에서 위에서 아래로 내리치지요. 하지만 지면 쪽에 전기가 집중되면 구름에 있는 양전기를 향해 위로 솟구치며 거꾸로 번개가 치기도 한답니다.

정답 : X

# 넓은 잎을 가졌지만 은행나무는 침엽수이다.

넓은 잎을 가진 나무를 활엽수라고 하고, 잎이 바늘 모양인 나무를 침엽수라고 해요. 그런데 은행나무는 넓은 잎을 가졌지만, 나무를 구성하는 섬유 세포의 길이가 침엽수처럼 길어서 침엽수에 포함되었어요. 이런 경우는 은행나무 단 하나뿐이라고 해요.

정답 : O

# 하마는 초식동물이다.

낮에 주로 물속에서 휴식을 하는 하마의 모습을 보고, 사냥을 위해 물속에 있다고 생각할 수 있어요. 하지만 하마는 풀을 주식으로 먹는 초식동물이에요.

정답 : O

# 광화문 광장을 지키는 이순신 동상은 왼손에 칼을 들고 있다.

청동으로 만들어진 충무공 이순신 동상은 오른손에 칼을 든 늠름한 모습으로, 거북선 모형과 함께 있어요. 또 바다를 지킨 업적을 기리기 위해 동상 근처에 분수대도 설치되어 있답니다.

정답 : X

# 우리나라는 노벨상을 한 번 수상했다.

우리나라는 2000년 김대중 전 대통령이 재임 기간 중 노벨 평화상을 받았고, 2024년 한강 작가가 노벨 문학상을 받으며 역대 두 번째 한국인 노벨상 수상자가 되었어요.

정답 : X

# 만 나이는
# 생일을 기준으로 계산한다.

우리나라는 2023년 6월 '만 나이 통일법'이 시행되며, 나이를 만
나이로 통일하기로 하였어요. 만 나이는 생일을 기준으로 나이를
한 살 더 먹게 된답니다.

정답 : O

# 축구 경기에서 각 팀은 11명으로 구성된다.

축구는 네 포지션 골키퍼, 수비수, 미드필더, 공격수로 구성되며 감독의 전략에 따라 골키퍼를 제외한 포지션의 인원수를 조절하여 한 팀에 11명씩 경기를 진행해요. 경기 시간은 전반 45분, 후반 45분, 하프타임 15분이랍니다.

# 오징어는 파란색 피를 가졌다.

오징어 피에는 헤모시아닌이라는 구리를 함유한 색소를 가지고 있어요. 구리는 산소와 만나면 푸른색으로 변하게 되므로, 오징어와 같은 연체동물의 피는 투명에 가까운 약간 푸르스름한 색으로 보여요.

정답 : O

# 한글날은 국경일이 아니다.

국경일은 나라의 경사를 기념하기 위하여 국가에서 법률로 정한 경축일이에요. 우리나라는 삼일절, 제헌절, 광복절, 개천절, 한글날이 국경일로 정해져 있어요.

# 지구에서 가장 큰 대륙은 아시아 대륙이다.

세계 육지 면적의 약 30%를 차지하는 우리나라가 속한 아시아 대륙은 지구에서 가장 큰 대륙이에요. 뒤를 이어 아프리카 대륙이 두 번째로 큰 대륙이고, 오세아니아 대륙이 대륙 중 가장 작답니다.

# 난중일기는 이순신이 임진왜란 때 쓴 일기이다.

난중일기는 임진왜란이 일어난 7년 동안 이순신이 쓴 일기로, 대한민국 국보이자 유네스코 세계기록유산으로 등재되어 있어요. 일기에는 당시 상황, 전투 기록과 함께 이순신의 삶과 철학이 담겨 있지요.

정답 : O

# 물은 0°C에서 얼고 100°C에서 끓는다.

알고 있는 것처럼 순수한 물은 0°C에서 얼고, 100°C에서 끓어요. 하지만 산 정상에 오르면 기압이 낮아지면서 물의 끓는 온도가 낮아져 100°C보다 낮은 온도에서 끓게 되고, 물에 소금과 같은 불순물을 섞게 되면 어는점은 낮아지고 끓는점은 높아진답니다.

# 대한민국
# 대통령과 국회의원 임기는
# 5년으로 같다.

우리나라 대통령 임기는 5년으로 중임할 수 없고, 국회의원 임기는 4년으로 중임 제한이 없어 여러 번 당선될 수 있어요. 참고로 미국 대통령 임기는 4년으로, 한 번 중임할 수 있어 최대 8년까지 대통령직을 수행할 수 있지요.

정답 : X

# 머리는 감지 않아야
# 머리카락이 덜 빠진다.

머리를 감지 않으면 두피에 노폐물이 쌓여 머리카락을 더 많이 빠지게 해요. 머리를 감을 때는 적당량의 샴푸를 사용하고 깨끗하게 헹구는 것이 중요해요. 또 잘 말려야겠죠.

정답 : X

# 알을 깨고 나온 병아리는 배꼽이 있다.

보통 포유류만 배꼽이 있다고 알고 있을 거예요. 하지만 병아리와 같은 조류에도 배꼽이 있어요. 알 속에서 자라는 과정에서 배꼽을 통해 포유류처럼 영양분을 공급받아요. 포유류와 달리 조류는 부화 후 배꼽이 점점 작아지며 잘 보이지 않게 돼요.

정답 : O

# 문어는 심장이 3개이다.

문어는 8개의 다리가 머리와 연결되어 있고, 3개의 심장을 가지고 있어요. 3개의 심장은 역할이 나누어져 있어서 가장 큰 심장은 온몸에 산소를 공급하고, 남은 보조 심장 2개는 아가미로 피를 순환시켜 준다고 해요.

# 판다는 겨울잠을 자지 않는다.

동물들이 겨울잠을 자는 이유는 먹이 때문이라고 해요. 한겨울에 동물들이 먹이를 찾기란 어려운 일이지요. 하지만 대나무를 먹는 판다는 겨울에도 푸르른 대나무 숲에 살기 때문에 먹이 걱정이 없어 겨울잠을 자지 않아도 된답니다.

정답 : O

# 이상 기후는 오직 온도 상승만을 의미한다.

이상 기후는 온도 상승 외에도 강수량 변화와 같은 기후 요소가 평년에 비해 현저히 높거나 낮은 극한 현상을 말해요. 지구 온난화가 가속화되면서 존재하지 않았던 새로운 이상 기후 현상이 발견되고 있어요.

정답 : X

# 우리나라는 반도 국가이다.

반도는 땅의 한 면이 그보다 큰 땅에 연결되어 있고, 남은 삼면이 바다로 돌출된 육지를 말해요. 지도로 우리나라를 보면 우리나라가 반도라는 걸 정확하게 알 수 있어요.

정답 : O

# 캥거루는 뒤로 뛰지 못한다.

캥거루는 발이 길고 꼬리가 워낙 커서 뒤로 걷거나 뛰지 못해요. 보통 캥거루는 두 발과 튼튼한 꼬리로 균형을 잡고 점프하며 앞으로 움직여요. 나이가 들면 네 발을 이용해 걷는데 이때도 한 발씩 걷지 못하고 앞발, 뒷발 순서로 두 발을 함께 움직이지요.

정답 : O

# 세계 최초로
# 텔레비전 방송을
# 시작한 나라는 미국이다.

세계에서 제일 처음 텔레비전 방송을 시작한 나라는 영국이에요. BBC는 1936년에 세계 최초의 공영 텔레비전 방송을 시작하였고, 이후 미국에서 1939년에 NBC가 최초로 상업 텔레비전 방송을 시작했어요.

정답 : X

# 사람이 숨을 쉴 때 필요한 기체는 산소이다.

산소는 색깔과 냄새가 없는 기체로 사람이 숨을 쉴 때 반드시 필요하지요. 사람은 산소를 들이마시고 이산화탄소를 내뿜고, 나무는 광합성을 통해 이산화탄소를 흡수하고 햇빛을 이용해 산소를 만들어요.

# 로댕의 '생각하는 사람'은 오른손으로 턱을 받치고 있다.

바위에 엉덩이를 걸치고 있는 오귀스트 로댕의 조각상 '생각하는 사람'은 왼쪽 다리에 얹은 오른손으로 턱을 받치고 생각하는 모습으로, 인간의 고뇌와 깊은 사색을 표현하고 있어요.

# 대중교통 이용 시 만 6세 미만은 차비를 내지 않아도 된다.

대중교통을 이용할 때 보호자 동반 만 6세 미만 영·유아는 무료로 대중교통을 이용할 수 있어요. 지하철의 경우 만 65세 이상 노인과 장애인, 국가유공자도 무료 이용이 가능해요.

정답 : O

# 개미는 개미산을 이용해 의사소통을 한다.

개미산은 다른 곤충과 싸울 때 개미가 방어를 위해 뿌리는 독이 든 물질이에요. 개미는 의사소통을 위해 페로몬을 뿌려 위험을 알리거나 먹이가 있는 곳 등을 동료에게 알려요.

정답 : X

# 10월 25일은 독도의 날이다.

독도의 날은 독도가 대한민국 영토임을 널리 알리고 독도 수호 의지를 세계 각국에 알리기 위해 지정한 날로, 10월 25일이에요. 이날은 1900년 고종 황제가 대한제국 칙령 제41호로 독도를 울릉도 부속 섬으로 명시한 날이기도 해요.

정답 : O

# 거미도 거미줄에 걸린다.

거미는 거미줄을 만들 때 먹이를 잡기 위한 끈적이는 부분과 이동을 위한 덜 끈적이는 부분으로 구분해서 만들어요. 거미는 덜 끈적이는 부분으로 이동하기 때문에 자신이 만든 거미줄에 걸릴 일은 거의 없답니다.

정답 : X

# 사계절은 모든 나라에서 뚜렷하다.

우리나라에서는 사계절을 뚜렷하게 느낄 수 있어요. 이는 우리나라가 지구의 중위도에 자리 잡고 있기 때문이에요. 극지방에서는 기온이 매우 낮아 겨울과 여름 두 계절만 나타나기도 하고, 적도 지방에서는 따뜻한 날씨가 유지되며 뚜렷한 사계절을 느낄 수 없답니다.

# 삼각형의 세 각의 크기의 합은 항상 180도이다.

모양이 다른 삼각형이라도 세 각의 크기의 합은 항상 180도예요.
그래서 한 각의 크기를 구할 때 두 각의 크기만 알면 남은 한 각의
크기를 쉽게 구할 수 있지요. 사각형도 네 각의 크기의 합이 360
도로 항상 같아요.

# 여객선은 뱃고동 소리로
# 출발 시간을 알린다.

뱃고동은 선박의 안전 운항과 관련된 신호를 전달하는 역할을 해요. 다른 선박에 경고하거나, 항구에 진입 또는 출항할 때, 항로를 변경할 때 뱃고동을 울려 다른 선박에 알려요. 하지만 뱃고동은 출발 시간을 알리는 용도로는 사용하지 않아요.

# 까투리는 암컷 꿩을, 개병이는 수컷 꿩을 말한다.

꿩은 부르는 이름이 다양해요. 암컷 꿩은 까투리, 수컷 꿩은 장끼, 어린 새끼는 꺼병이라고 불러요. '엄마 까투리'라는 동화가 교과서에 실리기도 해 까투리라는 말은 들어본 기억이 있을 거예요.

# 바둑알은 백돌과 흑돌의 크기가 다르다.

백돌과 흑돌의 크기는 약 0.3㎜ 정도 차이가 있어요. 그 이유는 흑돌이 빛을 흡수하고, 백돌은 빛을 반사하며 흑돌이 조금 작아 보이게 되지요. 그래서 흑돌을 더 크게 만들어 비슷한 크기로 보이게 해요.

# 태풍, 허리케인, 사이클론은 발생한 곳에 따라 다른 이름으로 불린다.

태풍, 허리케인, 사이클론은 열대성 저기압이 어느 곳에서 발생하였느냐에 따라 다른 이름으로 불려요. 북서태평양에서는 태풍, 미국 등 북중미에서는 허리케인, 인도양과 남반구에서는 사이클론으로 부른답니다.

정답 : O

# 올림픽을 상징하는
# 오륜기에는 검은색이 없다.

오륜기의 동그라미는 다섯 대륙을 의미하고, 파랑, 노랑, 검정, 초록, 빨강은 세계 여러 나라의 국기에 가장 많이 쓰인 색깔들이에요. 중앙에 검은색 고리가 위치해 있어요.

# 기러기는 힘을 덜 쓰기 위해 V자형으로 난다.

V자형으로 날아가면 뒤에 있는 기러기들은 공기 저항을 덜 받게 돼 에너지를 절약해서 더 멀리 날아갈 수 있어요. 또한 기러기들은 날갯짓의 박자를 맞춰 상승 기류를 극대화한다고 해요.

# 사하라 사막에 눈이 내린 적이 있다.

아주 먼 옛날 사하라 사막에도 눈이 내렸다는 증거를 발견하며 사람들은 놀라워했었죠. 하지만 최근 기상 이변으로 인해 2016년, 2017년, 2018년에 이어 2021년에도 사하라 사막에 눈이 쌓였다고 해요.